DISCOURS

Prononcé par

M. le Marquis DE RANCOUGNE

Aux Obsèques de

M. Paul AKERMANN

MESLAND (Loir-et-Cher)

10 Janvier 1880

———

'est au nom de ses vieux amis que je viens
saluer de quelques paroles celui dont le
corps repose dans ce cercueil, mais dont
l'âme — nous le croyons tous ! — voit Dieu à cette
heure et en est réjouie.

Nous en avons la confiance, parce que nous, qui
l'avons connu depuis sa jeunesse, nous, les compa-
gnons de sa vie aux heures où l'avenir surabonde
et où on ne prépare pas sa fin, nous pouvons attester
ce qu'il etait réellement, sincèrement, et rendre à
son passé un témoignage que sa mort courageuse et
chrétienne a justifié.

Je dirai de son cœur qu'il avait été trempé aux
sources les plus pures, celles qui sont sans alliage,
et que les dons de ce cœur, intègre et droit, unis
aux facultés de l'esprit le plus délicat et le plus

charmant, avaient fait de lui l'homme de bien, l'homme distingué, l'homme aimé que nous pleurons.

Sa vie, qui s'est presqu'entièrement écoulée dans le cadre qui est là sous nos yeux, a été une vie que nous pouvons proclamer honnête, sans tache, exemplaire, une vie par conséquent heureuse, heureuse de ces bonheurs paisibles, mesurés, qui n'empruntent rien aux éléments factices et qui doivent tout aux relations bienveillantes, aux joies de l'amitié, et surtout et pardesssus tout, aux félicités de la famille.

C'est là le grand devoir qu'il a su accomplir : fonder une famille !

Amour, sagesse, dévouement, il a su tout donner et enrichir d'autant les cœurs qui devaient tout lui rendre à leur tour ; et c'est ainsi qu'appuyé sur une compagne douée de la plus rare et de la plus lumineuse fermeté unie à l'abnégation la plus tendre, il a été le père, l'éducateur, le chef respecté et adoré d'enfants qui honoreront le nom sans tache qu'il leur a laissé !

Tout bonheur a son apogée. La Providence favorise-t-elle ceux dont elle couronne la félicité plénière ici-bas, en fermant leurs yeux en plein rayonnement ? Ne leur épargne-t-elle pas ainsi l'épreuve

des luttes réservées aux êtres aimés? ne les sous-
trait-elle pas à leur propre, à leur inévitable déca-
dence? Mourir plein de vie, en possession de soi-
même, entouré de ses enfants, soutenu, aidé par
l'amour d'une courageuse épouse, sous les regards
d'une famille et d'amis unanimes dans le concert
de leurs sympathies; reconnaître Dieu enfin, et,
dans ses bras, changer la terre contre le ciel, c'est
ce que nous venons de voir; c'est là le grand, l'é-
mouvant exemple qui nous fait dire :

Heureux celui qui sait bien mourir!

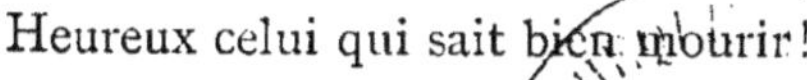

Havre. — Imprimerie J. Brenier et Cⁱᵉ, rue Beauverger, 2.